Oscar Peschel

Die Teilung der Erde unter Papst Alexander VI, und Julius II

Oscar Peschel

Die Teilung der Erde unter Papst Alexander VI, und Julius II

ISBN/EAN: 9783744669108

Hergestellt in Europa, USA, Kanada, Australien, Japan

Cover: Foto ©ninafisch / pixelio.de

Weitere Bücher finden Sie auf **www.hansebooks.com**

DIE
THEILUNG DER ERDE.

DIE
THEILUNG DER ERDE

UNTER

PAPST ALEXANDER VI. UND JULIUS II.

VON

OSCAR PESCHEL.

LEIPZIG
VERLAG VON DUNCKER & HUMBLOT.
1871.

Lassen Sie uns voraussetzen, dass die Unterschiede der geographischen Längen von Paris und Wien noch nicht ermittelt seien, und eine solche Bestimmung uns am Herzen läge. Wir vergleichen desshalb in Paris unsere Taschenuhr mit einer Uhr, welche uns getreu die wahre örtliche Zeit angiebt, was an gewissen Tagen im Jahre die Uhren aller Sternwarten thun; ohne Säumen besteigen wir dann einen Schnellzug, der uns nach Wien bringt, und noch vor Ablauf von zweimal 24 Stunden befragen wir abermals eine verlässige Uhr um die dortige wahre Zeit. Im voraus darauf gefasst, dass unsere Taschenuhr hinter den Wiener Angaben zurückgeblieben sein müsse, entdecken wir einen Zeitunterschied von etwa 56 Minuten, und da vier Zeitminuten genau dem Abstande eines irdischen Längengrades entsprechen, so verlegen wir Wien getrost um 14 Grad östlich von Paris. Das Ergebniss würde den Ansprüchen auf höhere Genauigkeit nicht mehr genügen, immerhin aber nähert es sich der Wahrheit bis zu einer so kleinen Fehlergrenze, dass wir noch einem Astronomen wie Kepler, der doch seinen Zeit-

Längenbestimmung durch Zeitübertragung.

genossen die schärfsten Ortsbestimmungen hinterliess, unverdiente Ehrfurcht abgenöthigt haben würden, wenn wir ihm unser Geheimniss hätten anvertrauen können. Um unserer geringen Leistung einen hohen Namen beizulegen, behaupten wir die Pariser Zeit nach Wien getragen zu haben. Dass uns überhaupt ein solches Meisterstück glückte, verdanken wir jedoch einestheils der raschen Ortsveränderung auf der Eisenbahn, anderntheils der hohen Blüthe des gegenwärtigen Uhrenbaues. Es wäre übrigens gleichgiltig gewesen, ob unsere Uhr wirklich genau ihren Gang eingehalten hätte, denn selbst wenn sie vorausgeeilt oder zurückgeblieben wäre, konnten wir doch durch eine mühelose Rechnung leicht diese Störung, deren Betrag uns freilich vorher bekannt sein musste, beseitigen. Jetzt ist nicht einmal eine Reise zu solchen Ortsbestimmungen erforderlich; denn sobald auf Verabredung elektrische Signale versendet und an den Endpunkten der Telegraphenleitung die Uhren verglichen werden, ist auch der Abstand der beiden Mittagskreise schon genau gegeben.

Mittelst Chronometer. Unmittelbar lassen sich die geographischen Längen zweier Orte auf Erden nur befestigen durch Vergleich ihrer wahren Tageszeiten. Sind aber lange Reisen erforderlich um Uhren von einem Orte zum andern zu bringen, dann müssen die Ansprüche an diese zeitmessenden Kunstwerke aufs höchste gesteigert werden. Uhren, die solchen Zumuthungen entsprechen, gebührt allein der standesgemässe Titel von Chronometern. Da von ihrer Genauigkeit zahlreiche Menschenleben, die glückliche Beförderung kostbarer Frachten und das Loos werthvoller Fahrzeuge abhängt, insofern eine falsch bestimmte Länge Schiff und Schiffer auf Untiefen oder gegen Klippen führen könnte, so werden alle Zeitträger britischer Seefahrer unentgeltlich einer wochenlangen Prüfung auf der Greenwicher Sternwarte unterzogen, und über ihre chronometrische Aufführung ein genaues Tagebuch geführt. Zuletzt gelangen sie in ein stark erhitztes Verliess, scherzweise das Fegefeuer der Uhren genannt, um zu untersuchen, ob sie selbst unter ungewöhnlichen Temperaturen noch ihre Standhaftigkeit bewahren. Je nachdem sie den Erwartungen entsprochen haben, wird ihnen dann von der Sternwarte ein Leumundszeugniss ausgefertigt. Viele unserer Ortsbestimmungen, z. B. im Innern vom nördlichen Südamerika diejenigen, welche wir Alex. v. Humboldt und Robert Hermann Schomburgk verdanken, beruhen auf solchen Zeitübertragungen, und als im Jahre 1826 die strengste Ermittlung der Längenabstände zwischen der Greenwicher und Altonaer Sternwarte gefordert wurde, bediente sich kein Geringerer als Gauss des nämlichen Verfahrens, indem er sechsmal zwischen beiden Orten hin- und herreiste und zwar mit 35 Chronometern, die er hütete wie ein guter Hirte[1]. Wenn wir nun hinzusetzen, dass erst 1748 Leroy zu seiner glänzenden Erfindung des freien Stosswerkes (*échappement libre*) gelangt war, worauf die Tugenden der modernen Chronometer beruhen und noch im Jahre 1767 das britische Parlament

---

[1] Gauss in Schumachers astronom. Nachrichten No. 111. Altona 1827. Bd. 5. S. 245.

eine Belohnung von 10,000 Pf. St. für eine beste Uhr bewilligte, obgleich sie in 147 Tagen immer noch einen Zeitfehler von 1 Min. 49 Secunden hatte wahrnehmen lassen[1], so rechtfertigt sich wohl unser Ausspruch von dem Erstaunen Keplers in dem obigen Beispiele; um so geringer aber müssen wir auch von den Leistungen der Uhren denken, wenn es sich um einen geschichtlichen Vorfall handelt, der dem Ende des 15. und dem Anfang des 16. Jahrhunderts angehört.

Durch Mondabstände. Sehr bequem zur Auffindung der geographischen Längen wäre es, wenn vielleicht senkrecht über irgend einer Sternwarte eine weithin sichtbare Uhr in solcher Höhe schwebte, dass sie nicht bloss von einer Halbkugel, sondern auch gleichsam durch unsern Planeten hindurch von der andern Halbkugel der Erde sichtbar wäre. Ein solches Uhrwerk ist vorhanden gewesen, so lange die Gliederung unseres Sonnensystems besteht, aber es gehörte eine Reihe der höchsten Siege des menschlichen Scharfsinns dazu, ehe man seine Angaben zu lesen verstand. Der Zeiger dieser Uhr ist der Mond, das Zifferblatt der gestirnte Himmel, und die Ziffern oder Theilstriche selbst sind gewisse helle Sterne, die sogenannten Fundamentalsterne, über welche hinweg oder an denen vorüber der Mond seinen Pfad einzuschlagen pflegt. Wird nun auf drei bis vier Jahre voraus berechnet wie weit der Mond, von einer wohl bekannten Sternwarte aus gesehen, in jeder Viertelstunde der dortigen wahren Zeit von einem oder zweien

---

[1] Peschel, Geschichte der Erdkunde S. 581.

der Fundamentalsterne scheinbar entfernt bleiben werde, so kann man selbst auf der andern Halbkugel, so oft der Mond sichtbar ist, genau ermitteln, welche Tageszeit die Uhren jener Sternwarte angeben. Die Vorausberechnung der Mondörter wäre aber ganz nutzlos ohne einen Cirkel, dessen eine Schenkelspitze wir in einen Fundamentalstern, dessen andere wir in den Mittelpunkt des Mondes oder wenigstens an den nächsten Punkt seines Randes einsetzen könnten, um den Abstand des Zeigers von den Theilstrichen des himmlischen Zifferblattes genau zu messen. Ein solcher Cirkel sollte jedoch die Eigenschaft besitzen, dass er an Bord eines schwankenden Schiffes noch leicht und sicher gehandhabt werden könnte, und er müsste uns die schärfsten Angaben gewähren, denn wenn wir uns um den dreissigsten Theil des scheinbaren Monddiameters bei unserer Messung täuschten, so würde diess auf Erden am Aequator einen Fehler von 6—8 deutschen Meilen zur Folge haben, und sollten wir zur See auf ein drohendes Wasser lossteuern, so könnte, während wir uns noch fern von jeder Gefahr wähnen, bereits ein Korallenriff mit seinen scharfen Klauen den Boden unseres Fahrzeuges aufreissen. Ein solches Messwerkzeug, einem Cirkel mit beweglichen Schenkeln nicht unähnlich, ist wirklich erfunden worden, nur vereinigen sich bei ihm, so oft die Messung gelungen ist, die beiden Spitzen des Cirkels mit Hilfe eines feststehenden und eines drehbaren Spiegels im Fadenkreuze eines Fernrohres. Das Ergebniss der Beobachtung kann aber von einem Zeiger auf den Theilstrichen eines

Kreissechstels in Ruhe abgelesen werden. Allein auch diese einfache, aber scharfsinnige Erfindung des Hadley-schen Spiegelsextanten[1] ist nicht älter als 1731, und erreichte erst ein Menschenalter später ihre unerlässliche Schärfe, um die gleiche Zeit etwa, als man auch die Störungen durch Refraction und Parallaxe aus der Berechnung der Längen zu entfernen, und andere Correctionen von minderem Betrag anzuwenden gelernt hatte. So hoffnungslos aber erschien zuvor die Bewältigung dieser Aufgabe, dass die Franzosen *trouver les longitudes sur la mer* als Redensart im gleichen Sinne gebrauchten, wie wir jetzt von dem Auffinden der Quadratur des Kreises oder des *perpetuum mobile* sprechen.

Durch Immersionen und Emersionen der Jupiterstrabanten. Die Wege auf denen man die Abstände von Mittagskreisen ermitteln kann, sind aber noch lange nicht erschöpft. Wenn bei weithin sichtbaren Signalen die örtlichen Zeiten verglichen werden, gelangt man ebenfalls zum Ziele. Es giebt aber Signale, die von allen Bewohnern wenigstens einer Erdenhälfte im nämlichen physischen Moment wahrgenommen werden können. Das vorzüglichste darunter sind die Verfinsterungen oder das erneute Erglänzen der Monde des Jupiter, namentlich des ersten und zweiten, sobald sie in den Schatten ihres Centralkörpers eintauchen oder wieder aus ihm heraustreten. So oft Jupiter am Himmel strahlt, wiederholt sich vor unsern Augen in etwa 42 Stunden am innersten Monde das Erlöschen und Wiederauf-

---

[1] Eine Abbildung dieses Instrumentes in seiner ursprünglichen Form findet sich in den Tafeln zu *Bouguer's Traité de navigation*.

leuchten. Die erste Anwendung dieses Hilfsmittels zur Bestimmung der geographischen Längen verdanken wir Jean Dominique Cassini[1], dem Stammherrn einer Dynastie von Astronomen, die an der Pariser Sternwarte bis in unser Jahrhundert gehaust haben. Mit dieser Entdeckung begann ein neuer Tag für die mathematische Erdkunde, denn durch Absendung von Astronomen wurde nun wirklich rasch eine Anzahl Mittagskreise scharf gezogen. Welche Fehler aber zu verbessern waren, lehrt uns noch jetzt ein Blick auf die Karten von Europa aus dem 16. Jahrhundert, die der grossen Axe des Mittelmeeres von Gibraltar bis Iskenderun (Alexandrette) oder in der Sprache der alterthümlichen Erdkunde von den Säulen des Hercules bis zum Issischen Meerbusen, gestützt auf irrige Ortsbestimmungen des Claudius Ptolemäus, eine Ausdehnung von 62 Längengraden verliehen, statt 42, wie es die wahren Verhältnisse erfordern. Gerhard Mercators wissenschaftlicher Ruhm beruht, theilweise wenigstens, darauf, dass er nicht sowohl auf Grund astronomischer Beobachtungen, sondern wegen der irdischen Entfernungen diesen bedauerlichen Fehler, welcher das Antlitz unseres Welttheiles auf den Karten krankhaft verzerrte, wenigstens um die Hälfte gemildert und auf 52° die grosse Axe des Mittelmeeres festgestellt hat. Die wahren Verhältnisse Europa's sollten aber erst auf den Karten Delisle's, unmittelbar nach den ersten Längenermittelungen durch Immersionen und Emer-

---

[1] Delambre, *Histoire de l'Astronomie moderne. Paris* 1821. *tom I. p. I*

sionen der Jupiterstrabanten am Beginn des 18. Jahrhunderts sichtbar werden. Das Jahr 1669, wo Cassini seine Entdeckung nach Paris brachte, kann daher als Beginn genauerer Ortsbestimmungen festgestellt werden, und fällt also um anderthalb Jahrhunderte später, als die geschichtliche Begebenheit, welche wir beständig im Auge behalten.

Durch Mondverfinsterungen. Andere Signale, sichtbar allen Bewohnern derselben Erdhälfte in dem nämlichen physischen Moment, sind der Beginn und das Ende einer Verfinsterung des Mondes. Leider aber ist ihre Zeitbegrenzung für unsere Sinne nicht mit der nöthigen Schärfe festzustellen, denn dem Kernschatten der Erde läuft ein Halbschatten auf der Mondscheibe voraus oder schleppt als Saum beim Austauchen hinten nach, so dass zwei redliche und friedfertige Beobachter dennoch in Streit gerathen konnten über die Zeit, in welcher die verschiedenen Phasen der Beschattung eintraten. Als man sich im Besitz des Fernrohres befand, zerlegte man die Verfinsterung des Mondes in eine Mehrzahl von Abschnitten, je nachdem der Erdschatten gewisse Ringgebirge oder gewisse sogenannte Meere (Ebenen) des Mondes zuerst berührte oder verliess. Selbst durch dieses Verfahren gelangte man aber nur zu höchst schwankenden Angaben, und auch diese Methode war erst nach Erfindung des Fernrohres anwendbar, die abermals um ein Jahrhundert später erfolgte als die Theilung der Erde durch die römische Curie.

Obgleich in neuerer Zeit noch andere Wege eingeschlagen werden um die Abstände zweier Mittagskreise zu ermitteln, so genügen doch die obigen Beispiele vollständig, um uns zu vergegenwärtigen, wie spät und mit Aufbietung welch grossen Scharfsinns es erst gelingen sollte die Lage irgend eines Ortes auf der Erdoberfläche streng zu befestigen. Lassen Sie uns daher jetzt einen Blick in die Kinderstube der mathematischen Erdkunde werfen, um einem ergötzlichen Wagniss aus dem Jahre 1493 mit kritischem Behagen beizuwohnen.

Kurz nach der Rückkehr Don Cristobal Colóns[1] von der ersten Fahrt nach Amerika bewog nämlich der spanische Hof die päpstliche Curie eine Theilungslinie auf der Erde zu ziehen, um die Rechte der Entdecker für alle Zeiten zu begrenzen. Am 4. Mai er-

Die erste Theilung der Erde

---

[1] Colón oder Colom nicht Columbus nennen den Entdecker alle gleichzeitigen Urkunden, auch die Bulle Alexanders VI. vom 3. Mai 1493 mit den Worten *dilectum filium Christoforum Colon*. Das älteste Druckwerk über die Entdeckung Amerikas, von welchem jetzt eine glänzende und bereits seltene Ausgabe 1869 in Wien, von dem dortigen kaiserl. portugiesischen Gesandten A. v. Varnhagen (*Carta de Cristobal Colón enviada de Lisboa á Barcelona en Marzo 1493*) herausgegeben worden ist, erschien auch als lateinische Uebersetzung zu Rom im Frühjahr 1493 mit dem Titel *Epistola Christofori Colom, cui aetas nostra multum debet*. Colon oder Colom nannten sich sogar die Herren von Cuccaro in der muthmasslichen Heimath des Entdeckers. (A. v. Humboldt, Kritische Untersuchungen. Bd. 2. S. 276.) Endlich lautet die Grabschrift, die Ferdinand der Katholische dem Abgeschiedenen in der Kathedrale Sevilla's setzen liess:

A CASTILLA Y A LEON
NUEVO MUNDO DIO COLON.

Die Latinisirung des Namens hatte zur kläglichen Folge, dass ein Nürnberger Arzt, Jobst Ruchamer, in dem Büchlein „Unbekanthe landte und ein newe weldte in kurtz verganger zeythe erfunden" (Nürnberg 1508) ihn als Christoffel Dawber (Tauber, columbus) ins Deutsche übertrug.

liess daher Alexander VI.[1] eine Bulle[2], worin das Herrscherpaar von Castilien und Aragon beschenkt wurde „aus reiner Grossmuth und kraft apostolischer Allgewalt mit allen bereits entdeckten oder noch zu entdeckenden Inseln und Festlanden die gegen Westen und Süden lägen, von einer Linie gezogen gedacht vom Nordpol bis zum Südpol in einem Abstand von 100 Leguas oder spanischen Meilen gegen Westen und Süden von jeder Insel der Azoren- oder der Capverdischen Gruppe." Gleichzeitig verhängte der heil. Vater die Strafe des Kirchenbannes über alle nicht spanischen Seefahrer, welche wagen würden jenen Theilungskreis zu überschreiten. Die Ausdrücke der Bulle sind mathematisch so verworren, dass eine Linie genau 100 Meilen westlich und südlich von jeder Insel zweier weitausgestreuter Gruppen sich gar nicht ziehen liesse. Auch konnte die Krone von Portugal, zu deren Verkürzung jene Begrenzung erdacht worden war, sich auf eine ältere Bulle Nicolaus' V. vom Jahre 1454[3] berufen, worin ihr das Recht des Handels mit Indien ausschliesslich verliehen worden war. Demzufolge wurde die Schenkung Alexanders VI. durch einen Vertrag vom 7. Juni 1494 zu Tordesillas[4] wieder abgeändert. Dieses neue Abkommen, dem Julius II. durch eine Bulle vom Jahre 1506 seine kirchliche Weihe ertheilte, zerlegte die Erde in eine spanische und portugiesische Hälfte, in der Art

Zweite Theilung der Erde.

---

[1] Bekanntlich der Vater von *Cesare* und *Lucrezia Borgia*.

[2] Anhang No. A. u. B.

[3] *Bullarum Roman. Pontificum amplissima collectio*, Romae 1743. tom. *III, pars* 3, *p.* 70.

[4] Anhang No. C.

nämlich: „dass durch den Ocean ein Strich oder eine Linie vom Nordpol zum Südpol gezogen werde, 370 Leguas im Westen der Capverdischen Inseln, sei es durch Feststellung der Längengrade oder durch irgend ein anderes Verfahren". Die Lage dieses neuen Theilungskreises wurde durch den Wortlaut viel besser begrenzt, immerhin — da die einzelnen Körper der Capverdischen Inselgruppe über 2 $^{1}/_{2}$ Längengrade zerstreut liegen — konnte und sollte es später auch bestritten werden: ob jenes Abstand von der westlichsten oder östlichsten Insel jenes Archipels zu berechnen sei. Bedenkt man, dass auf Grund jenes Vertrags und jener Bulle die Spanier noch jetzt auf den Philippinen sich behaupten, und ein Reich wie Brasilien — nur um $^{1}/_{6}$ kleiner, wie ganz Europa — von einer portugiesisch redenden Bevölkerung in Besitz genommen wurde, so verdienen jene Actenstücke selbst in der Gegenwart noch eine aufmerksame Prüfung.

Die spanischen Unterhändler durften im Jahre 1494 sich einbilden durch einen Meisterstreich den Portugiesen allen Lohn für ihre mühsamen afrikanischen Entdeckungen entrissen zu haben. Cristobal Colón war nämlich mit der seltsamen Täuschung aus Amerika zurückgekehrt, dass er in der Insel Haiti das Zipangu des Marco Polo, also Japan, gefunden, und dass er an der Küste von Cuba das Gestade des Festlandes von China, die Herrschaft der mongolischen Grosschane, welche freilich damals längst schon gestürzt waren, berührt, und somit sein Versprechen erfüllt habe: eine westliche Ueberfahrt nach Indien zu finden, denn Indien begriff in der Sprache der damaligen Erdkunde Ost-

Die neue [Welt für] Japan und China gehalten.

asien, ganz Südasien und sogar noch einen Theil von Afrika, nämlich Abessinien. In diesem Wahn ist der grosse Mann gestorben, ja vielleicht hätte ihn der Kummer noch früher hinweggerafft, wenn er inne geworden wäre, dass er nicht den östlichen Saum der alten, sondern nur eine ungeahnte neue Welt entdeckt habe.

Brasilien fällt in den Theilungskreis. Sechs Jahre nach Abschluss des Vertrags von Tordesillas gewann jener Theilungskreis bereits einen lebendigen Werth, denn Cabral, welcher im Jahre 1500 das zweite portugiesische Geschwader nach Indien führen sollte, stiess unvermuthet im atlantischen Westen auf ein noch unbekanntes Land, welches anfangs Santa Cruz, später Brasilien genannt wurde, weil man ein geschätztes Farbmittel, nämlich Brasilholz, dort antraf. Die spanische Krone liess anfangs nicht untersuchen, ob jene Entdeckung wirklich der lusitanischen Erdhälfte angehöre, und beunruhigte die Portugiesen vorläufig nicht weiter im Genuss jener Besitzung, weil sich am Beginne dort weder Gold, noch Edelsteine oder Perlen, sondern höchstens Schätze des Pflanzenreiches erbeuten liessen. Wie aber die Spanier über solche Erwerbungen dachten, lehren ihre alten Seekarten, auf denen das gegenwärtige Neu-Fundland und Neu-Braunschweig als nutzlose Erdräume bezeichnet werden.[1] Die atlantischen Küstenpunkte, welche heute Brasilien begrenzen, fallen im Norden und Süden bei-

---

[1] Die Karte Ribero's vom Jahre 1529 versieht die *Tierra de los bacallaos* (Neufundland und Neu-Braunschweig) mit der Bemerkung: *no an (han) allado (hallado) cosa de provecho mas de la pescaria de los bacallaos que son de poca estima.* J. G. Kohl, die ältesten Generalkarten von Amerika. Weimar, 1860. fol. 60.

nahe auf den nämlichen Mittagskreis, und dieser Mittagskreis liegt wirklich annäherend 370 Leguas von der Insel San Antonio der Capverdischen Gruppe entfernt, so dass sich von jenem Theilungskreis angefangen, die portugiesische Sprache in Südamerika ausgebreitet hat.

Ueber die Bestimmung der päpstlichen Demarcationslinie sollten aber Spanier und Portugiesen bald in heftigen Streit gerathen und durch seculäre Erbitterung sich entfremdet werden. Fernaõ de Magalhães, ein portugiesischer Hidalgo, welcher in Indien und Afrika als Officier mit hoher Auszeichnung gedient, dann aber wegen Zurücksetzung am Hofe seinem Vaterlande schnöde den Rücken gekehrt hatte und in spanische Dienste übergelaufen war, erbot sich Karl V. ein Geschwader auf dem westlichen Seeweg bis in das wahre asiatische Indien, bis in die Gewürzländer zu führen. Für alle kommenden Zeiten werden seine Thaten wohl die höchsten nautischen Leistungen bleiben müssen, denn es fehlt ihnen nur der wahre Dichter um sie bis zu einer Odyssee zu verklären. Nicht auf offener See nämlich sollte sich Magalhães um das Südhorn von Amerika schwingen, sondern durch eine berüchtigte Strasse, die seinen Namen trägt, führte er sein Geschwader an der Hungerbucht vorüber bis zur Spitze des eigentlichen Festlandes. Dort ändert sich plötzlich die Landschaft; denn statt der bisherigen zahmen patagonischen Ufergelände und offenen Buchten sah sich der Seefahrer eingeschlossen in eine Alpenlandschaft, welche, gleichsam bis zu den Knieen ins Meer hinabgesunken, aus lauter engen, vom Ocean

Magalhães entdeckt eine Durchfahrt nach der Südsee.

Die Magalhãesstrasse.

überflutheten Thälern besteht. So oft sich in den düstern Wolkenschleiern eine Lücke öffnet, erglänzen dahinter blendende Schneegipfel von anscheinend gewaltiger Erhabenheit. Bläulich schimmernde Gletscher senken sich in lautlose Fjorde bis zu dem tintenfarbigen Spiegel des Weltmeers, in welches hinein sie ihre Eisberge abstossen. Enge, fast mit der Messschnur gezogene, Schluchten, offenere, aber durch querziehende Felswände verriegelte Seethäler schliessen sich hinter dem Fahrzeug, und öffnen sich wider Vermuthen nach anderen neuen Becken, reich an Felsenzangen wie an senkrechten Einschnitten oder Fjorden. Nur die niederen Höhenstufen sind mit Dickichten bekleidet. Zwar vermisst der Pflanzenkundige dort alle echten Nadelhölzer, die überhaupt dem südamerikanischen Festlande gänzlich fehlen und durch Araucarien ersetzt werden; betroffen aber findet er dafür unter den niederen Gewächsen Arten, welche mit europäischen identisch sind [1]. Immergrüne Gesträuche, ja selbst Baumfarn [2] dauern dort aus, da das Thermometer Winter und Sommer nur wenige Grade um den Thaupunkt schwankt. Selbst unter Schneegestöber sahen Seefahrer dort Kolibri um Hecken von blühenden Fuchsien schwärmen, und sogar Papagaien, die wir sonst nur in den Palmenkronen suchen würden, sind in der Magalhães-Strasse angetroffen worden [3].

---

[1] Darwin, *Origin of species* 4th. edit. p. 444.
[2] Kabsch, Pflanzenleben der Erde. S. 234.
[3] Sir J. Herschel, *Physical Geography* § 375; King, *Surveying Voyages of the Adventure and Beagle*, tom. I. p. 134. Petermann's Mittheilungen. 1867. S. 4.

Scheue Guanaco-Herden, welche als Staffage die Gemsen unserer Hochgebirge ersetzen, blicken wissbegierig über die Felswände, um erschreckt bei der ersten Drohung zu verschwinden. Fischend und kreischend bevölkern Seevögel die Klippen, während am Strande Seehundsmütter zärtliche Spiele mit ihren Jungen treiben[1]. Zweiundzwanzig Tage, wie von einer unsichtbaren Hand geleitet[2], durchzog Magalhães jenen zu einer Inselwelt zerrütteten Festlandssaum — eine scheinbar herrenlose Behausung, denn von Bewohnern liess sich nichts sehen, als nächtlich eine Anzahl ferner auf dem Wasser schwankender Lichter, nämlich Feuer, welche beim Fischfang die Eingebornen in ihren Kähnen noch jetzt beständig unterhalten, und zu deren Angedenken jene Inseltrümmerstätte *Tierra del Fuego* von Magalhães genannt wurde. Dort haust seit unbegrenzten Zeiträumen, vor Frost beständig zitternd und doch ohne schützendes Obdach, ohne andere Bekleidung als einen Kragen aus Fellen, seine Muschelnahrung mit halbem Leibe im Wasser vom Seeboden auflesend, ein Menschenschlag von höchster Lebenszufriedenheit; denn wir wissen aus den Schicksalen Jemmy Buttons, bekannt aus Fitzroy's und Charles Darwin's Schilderungen,

---

[1] Erdumsegelung der schwedischen Fregatte Eugenie. Berlin 1846. S. 115, S. 118.

[2] Dass sie sich wirklich in einer Meerenge befanden, schlossen die spanischen Steuerleute daraus, dass die Fluth „grösser war (länger dauerte) als die Ebbe." Herrera, *Hist. de las Indias Occidentales* Dec. II libro IX cap. 14. Uebrigens vermutheten sie schon damals, dass das Land zu ihrer Linken Inseln bilde. Oviedo, *Historia general y natural de las Indias*, lib. XX. cap. 1. Madrid 1852. tom. II. fol 13.

dass ein Feuerländer, der in London als Gegenstand des Culturmitleids von hohen Damen gekleidet, gefüttert und verzärtelt worden war, bei der Rückkehr zu seinen Wolken, Felsen und Fluthen jauchzend seine europäische Maske abstreifte[1], um in das hineinzuspringen, was wir übereilt sein Elend zu nennen geneigt sind, uneingedenk, dass selbst unsere Begriffe von Lebensgenuss nur Ergebnisse einer sorgfältigen Erziehung sind.

Erste Fahrt über die Südsee. Aus den Feuerlandsengen am 27. Novr. 1520 ins offene Weltmeer hinausgetreten, kreuzte Magalhães, wie wir aus einem uns erhaltenen Schiffsbuch wissen, und aus einer alten handschriftlichen Karte der Münchener Bibliothek, die seinen Schiffscurs verzeichnet, noch ersehen können, die Südsee, von der australischen Erdhälfte in die andere fast diagonal sich erhebend. Obgleich jener Ocean von kleinen Koralleninseln durchschwärmt wird, die sich Mückenwolken im sommerlichen Abendlicht vergleichen lassen, sollte doch Magalhães mit derselben blinden Sicherheit, wie unseres Dichters Mignon bei ihrem Eiertanze, durch diese gefährlichen Korallengürtel hindurchgelangen, ohne dass er mehr gesehen hätte als zwei jetzt verschollene niedrige Inseln, bis er endlich als Vorpostenkette der alten Welt eine stattlichere Gruppe erreichte, die damals wegen der mangelhaft entwickelten Eigenthumsbegriffe ihrer Bewohner los Ladrones oder die Diebsinseln geheissen wurde, in nachsichtigeren oder humaneren

---

[1] Philipps, *the Missionary of Tierra del Fuego.* London 1865, p.

Zeiten aber den Namen der Marianen empfing. Es gebricht uns an Zeit, die weiteren Irrfahrten nach den Philippinen, wo Magalhäes seinen Heldentod empfing, und wo ihm vor etlichen Jahren durch einen verspäteten Ausbruch von Dankbarkeit ein Denkmal gesetzt wurde[1], sowie die Heimkehr seiner Gefährten am 6. Sept. 1522 zu schildern.

Obgleich von fünf Schiffen des Geschwaders nur ein einziges, von etwa 300 Abenteurern nur 13 die erste Reise um die Erde vollendeten, so war doch ihr Erfolg gleichwohl nach damaligen Begriffen ein glänzender gewesen, denn sie hatten für die spanische Krone Besitz ergriffen von den Maluccen oder Molukken, wie wir jetzt zu schreiben und zu hören gewöhnt sind, fünf kleinen, von Erdbeben und feurigen Ausbrüchen beständig heimgesuchten Inselvulcanen, zusammen an Flächeninhalt kaum einem Schweizerkanton ebenbürtig, damals aber ebensoviele kostbare Keinodien, weil sie das ausschliessliche Verbreitungsgebiet einer ewig blühenden riesenhaften Myrte (*Caryophyllus aromatica*) umfassten, deren Blumenknospen, vor dem Aufbrechen gepflückt und dann getrocknet, die Gewürznelken des Handels liefern, welche schon in das römische Reich ihren Weg gefunden haben müssen, wie aus einer Stelle des Plinius und aus einem Zolltarif des Kaisers Marc Aurel geschlossen werden darf[2]. Wenn wir nun erfahren, dass auf den fünf Molukken eine gute

Die Nelkeninseln.

---

[1] *Revue des deux mondes.* 1869. *Juin.* p. 954.
[2] Plinius, *Historia nat.* XII, 15; *l.* 16. §. 17. *Dig. lib.* XXXI. tit IV.

Ernte 15,000 Centner Gewürznelken lieferte, die, am Erzeugungsort damals zu je zwei Ducaten verkauft, auf dem Markte von Malaka aber schon mit 14 und in Calicut, dem vormaligen Hauptstapelplatz Ostindiens, mit 50 Ducaten, in London sogar mit 213 Ducaten bezahlt wurden, so dass ihr Werth vom malayischen Indien bis nach den europäischen Handelsplätzen das hundertfache erreichte, wesshalb sich auch aus der Fracht der rückkehrenden Victoria, welche aus 533 Centnern (d. h. Quintales zu $58^{3}/_{4}$ Kilogramm) bestand, mehr als 100,000 Ducaten erlösen liessen, während die Kosten der Ausrüstung von Magalhães' Geschwader nur auf 22,000 Ducaten sich belaufen hatten [1], so wird uns leicht verständlich, dass Portugal und Spanien den höchsten Werth auf den Besitz der Nelkeninseln legten, die ihnen einen so ergiebigen Monopolsgewinn verhiessen.

Der Piloten-congress. Da beide Höfe den päpstlichen Theilungskreis anerkannten, so galt es jetzt an den Grenzen der alten Welt den 180. Längengrad, das Ende der portugiesischen Erdhälfte, streng zu bestimmen. Beide Kronen vereinigten sich deshalb, je drei Astronomen, drei Seeleute und drei Rechtsgelehrte zu einem Congress abzusenden, der auf der Brücke über das gemeinsame Grenzflüsschen Caya zwischen Elvas und Badajoz am 11. April 1524 eröffnet und abwechselnd hierauf in der einen oder der andern der genannten Städte seine Sitzungen halten und die mathematische Lage des öst-

---

[1] Peschel Zeitalter der Entdeckungen. S. 644. not. 4. S. 666. not. 1.

lichen Längenkreises endgiltig ermitteln sollte. Dies ist die berühmte Junta von Badajoz oder der Pilotencongress, welcher die Erdkugel zwischen zwei verschwisterten Völkern zu theilen versuchte.

Die Aufgabe selbst überstieg aber bei weitem die wissenschaftliche Reife der damaligen Zeit. Astronomisch liessen sich die geographischen Längen in weiten Fehlergrenzen nur durch die mit unbewaffnetem Auge wahrzunehmenden Verfinsterungen des Mondes bestimmen; aber wie trügerisch solche Rechnungen ausfallen mussten, beweist uns der Versuch Don Cristobal Colóns, eine Mondverfinsterung am 29. Februar 1504 zur Ermittelung der geographischen Länge des Hafens Santa Gloria auf Jamaica mit Hilfe des astronomischen Kalenders von Johannes Müller, nach seiner Vaterstadt Königsberg in Franken, Regiomontan geheissen, zu benützen. Er fand einen Unterschied der örtlichen Zeit mit dem Meridian von Cadiz von 7^h 15^m oder 2^h 15^m zu viel, was einen Längenirrthum von 34 Graden, also von der Ausdehnung des australischen Welttheiles, nach sich zog[1]. Andere Versuche, aus den Mondabständen die mathematische Lage abzuleiten, führten ebenfalls zu Irrthümern von abenteuerlicher Grösse. Andres de San Martin, der Magalhães auf seiner Fahrt als Astronom begleitete und dessen Beobachtungsjournal den Portugiesen in die Hände fiel[2], fand bei einer Beobachtung in den Feuerlandsengen einen Unterschied mit Sevilla von nur 42 Zeitminuten oder $10^1/_2$ Längengraden, wo-

Astronomische Längenbestimmungen der damaligen Zeit.

---
[1] Navarrete, *Colleccion de Viages*, tom. *II, p.* 272.
[2] Barros, *Da Asia, Dec. III. livro* 5 *cap* 10. Bd. 5. S. 657.

durch Amerika so nahe an die alte Welt gerückt worden wäre, dass der Atlantische Ocean so gut wie gänzlich hätte verschwinden müssen.

Längen durch Gissung.

So blieb denn noch als letzte Ausflucht übrig die geographische Länge mittelbar aus den irdischen Entfernungen abzuleiten. Allein dazu bedurfte es wiederum einer Kenntniss der Grösse des Erdumfanges, ohne welche sich nicht bestimmen lässt wie vielmal irgend ein Meilenmaass in dem Grade eines grössten Kreises enthalten ist. Die erste genaue Erdmessung, auf welche Newton sein berühmtes Gesetz stützte, wurde jedoch erst 1669 vollendet. Das 16. Jahrhundert dagegen klammerte sich an die Angaben der Alten, und zwar ertheilte es vor Eratosthenes entschieden dem Ptolemäus den Vorzug, welcher 500 Stadien als Werth eines Grades an einem grössten Kreise festgestellt hatte. Ferner herrschte Uebereinstimmung darin, dass acht dieser geodätischen Stadien einer römischen Meile gleichkämen. Demnach sollten die grössten Erdgrade eine Länge von $62\frac{1}{2}$ Meilen oder, da je 4 Meilen auf eine spanische Legua gerechnet wurden, von $15\frac{5}{8}$ Leguas enthalten. Da ferner die Römer Spanien mit einem Strassennetz bedeckt und die Strassen mit Meilensteinen versehen hatten, liess sich der absolute Werth der römischen Meile leicht ausmessen. Weil nun aber jene $62\frac{1}{2}$ römischen Meilen in Wirklichkeit nur etwas mehr betragen als $92\frac{1}{2}$ Kilometer, ein Erdgrad dagegen 111 Kilometern entspricht[1], so wäre der Umfang unseres

---

[1] d'Avezac, *Les voyages d'Améric Vespuce.* Paris 1858. p. 132.

Planeten um ein Stück verkürzt worden, welches eine gleiche Ausdehnung von West nach Ost wie Südamerika besessen haben würde.

Nichtsdestoweniger fand selbst noch eine andere Rechnung Anhänger, die sich auf eine Erdmessung arabischer Astronomen unter dem Chalifen Mamun stützte, und nach den Angaben Mohammed ibn Kethir's, nach seiner Heimath el Fergani genannt, der Alfraganus unserer mittelalterlichen Quellen, als Länge des Erdgrades nur $56^{2}/_{3}$ Meilen gelten liess[1]. welche letztere für römische gehalten und, in $14^{1}/_{6}$ Leguas umgewandelt, beinahe ein ganzes Sechstel des Erdumfanges unterdrückt haben würden. Lassen Sie uns einschalten, dass gerade diese irrige Auslegung des Alfragan im Entdecker von Amerika den Wahn erzeugte, dass das asiatische Indien auf einer geringen atlantischen Entfernung der alten Welt gegenüber liegen müsse. Endlich war noch unter spanischen und portugiesischen Steuermännern eine Rechnungsart in Gebrauch, welche im 16. Jahrhundert endgiltig sich festsetzen sollte, nämlich $17^{1}/_{2}$ altspanische Seemeilen auf den Grad zu rechnen. Es schwankten daher die Angaben für den Längenwerth der grössten Erdgrade von $14^{1}/_{6}$ bis $17^{1}/_{2}$ Leguas, und obendrein liess sich die Grösse des zurückgelegten Weges auf hoher See, da das Log noch nicht erfunden worden war, nur annäherungsweise durch die Schätzung der Segelgeschwindigkeit bestimmen; doch müssen wir hinzusetzen, dass gerade in solchen Abschätzungen die alten italie-

Arabische Erdmessung.

---

[1] *Compilatio Alfragani*, *Ferrariae*. 1493 *Dist. VIII.*

nischen, portugiesischen und spanischen Lootsen so Ausserordentliches leisteten, dass wir noch jetzt nur mit Bewunderung auf ihre vortrefflichen Karten blicken können.

<small>Auslegung des Vertrages von Terdesillas.</small> Der Ausgang des Pilotencongresses war übrigens von vornherein vorauszusehen. Beide Völker, Portugiesen wie Spanier, aufgeregt durch die Streitfrage bis in die untersten Schichten, waren entschlossen von ihrem Recht oder Unrecht nicht zu lassen. Die spanischen Sachverständigen waren ausserdem durch geheime Vorschriften angewiesen, über alle Aussagen vorher sich zu verabreden und dabei stets den Rathschlägen der rechtsgelehrten Beisitzer zu folgen[1], eine Vorsicht, durch welche zwar die Vortheile der Krone nicht besser hätten gewahrt werden können, die aber zur Ergründung einer mathematischen Wahrheit nicht wahrnehmbar beitragen konnte.

Unmittelbar nach jener Zeit verlegten indessen die amtlich beglaubigten spanischen Seekarten den Theilungskreis im Westen durch die Mündung des Stromes von Pará in Brasilien, woraus mittelbar folgte, dass sie den grössten Erdgraden die Länge von $17\frac{1}{2}$ idealen oder geographischen Leguas zuerkennen wollten. So wie aber dieses Maass zu Grunde gelegt wird, gerathen nach unserm heutigen Wissen die Nelkeninseln noch um 6 irdische Längengrade diesseits der östlichen Begrenzung auf den lusitanischen Antheil. Sie hätten den

---

[1] Navarrete, *Coleccion de viages y descubrimientos*, tom. *IV*. p. 328.

Portugiesen sogar bei der ungünstigsten Berechnungsart noch verbleiben müssen[1].

Damals jedoch, nachdem man sich vom 11. April bis 31. Mai herumgestritten, Karten und Erdkugeln vorgelegt, die stets von der Gegenpartei mit Abscheu zurückgewiesen wurden, ergab sich, dass die Portugiesen den Abstand der Molukken von den Capverdischen Inseln auf 137°, die Spanier aber auf 183° berechneten, so dass also zwischen den Behauptungen und Gegenbehauptungen ein Spielraum von 46° blieb, mehr als ein Achtel des Erdumfangs, so dass ganz Südamerika oder das Mittelmeer oder das europäische Russland bequem darauf hätte Platz finden können. Wie die Mehrzahl der spannenden Rechtshändel sollte leider auch dieser einen prosaischen Ausgang nehmen: er endigte nämlich mit einem Vergleich, in Folge dessen die Portugiesen zahlten und die Spanier gingen. *Vergleich zwischen Spanien u. Portugal.*

Noch bis auf den heutigen Tag hat sich aber auf den spanischen Philippinen in einer bürgerlichen Einrichtung trotzig ein Ueberrest jener irrigen Theilung der Erde erhalten. Es kann nämlich die Frage gestellt und dürfte mancher durch sie in Verlegenheit gesetzt werden: wo auf Erden denn der heutige Tag begonnen habe, da ja die Sonne niemals untergeht, niemals zwischen heut und morgen die geringste Kluft für eine Spaltung des Tageszeitraums hinterlässt, so dass unter irgend einem Mittagskreis es uns verstattet sein muss, durch *Zeitrechnung auf den Philippinen.*

---

[1] A. de Varnhagen, *Vespuce et son premier voyage* mit einer *Mappe-monde, indiquant la vraie démarcation du traité de Tordesillas.* Paris 1858.

eine geringe Ortsveränderung gegen Osten uns noch einmal in den gestrigen Tag hineinzuflüchten.

Als die Begleiter des Magalhães von ihrer Erdfahrt heimkehrten, mangelte ihnen, da sie mit der Sonne gegen Westen gezogen waren, ein voller Tag, worüber sie nicht wenig bestürzt waren, denn sie hatten nicht nur die Sabbathe und hohen Kirchenfeste zu den falschen Kalenderzeiten gefeiert, sondern auch an den Donnerstagen gefastet und an den Freitagen Fleisch gegessen. Um ihr Gewissen zu beruhigen, begaben sie sich auf den Rath aufrichtiger Freunde barfuss und im Büsserhemd nach der Domkirche Sevilla's. In Spanien wollten selbst Fachkundige damals keine andere Erklärung dieser doch unumstösslichen Thatsache gelten lassen, als dass die Schiffsrechnung nachlässig geführt worden sei, und nur der venetianische Gesandte Contarini, welcher sich zu jener Zeit am Hofe Karls V. aufhielt, errieth den nothwendigen Zusammenhang[1].

Der örtliche Beginn des Tages. Der örtliche Beginn des Tages aber lässt sich nur durch Uebereinkunft oder bürgerliche Satzung feststellen. So oft daher ein britisches Schiff auf der andern Erdhälfte den 180. Längenkreis von Greenwich kreuzt, wird der Schiffsmannschaft auf Deck ein Befehl verlesen, dass, je nachdem die Richtung der Fahrt eine westliche oder eine östliche ist, ein Tag des Kalenders auszufallen habe oder verdoppelt einzuschalten sei. Als vor wenigen Jahren die Vereinigten

---

[1] Pet. Martyr, *De orbe novo*, Dec. V. cap. 6.

Staaten von dem neuen Gebiet Aliaska Besitz ergriffen, musste ebenfalls ein Tag ausfallen, weil die Russen, von Osten her eingewandert, in ihrer Zeitrechnung gleichen Schritt mit St. Petersburg und Moskau gehalten hatten, so dass bis dahin an derselben Küste die amerikanischen Sonntage im californischen San Francisco auf die Montage der Russen in Neu-Archangel gefallen waren. Die Spanier nun, getreu ihrer Behauptung, dass die Philippinen noch zu ihrer westlichen Erdhälfte gehörten, und weil sie ursprünglich von Westen her eingewandert und den spanischen Tag dorthin getragen hatten, feierten zum grossen Aergerniss der Portugiesen, die ihnen gegenüber in Macao sassen, alle Feste und Festtage um einen Tag später und haben noch jetzt im Andenken an die einstmalige Theilung der Erde an dieser Sitte festgehalten.

Dies war im wesentlichen der Verlauf des mathematischen Abenteuers, die Erde wie einen Apfel zertheilen zu wollen, ehe es eine Hand gab, die den Schnitt mit Sicherheit führen konnte.

ANHANG.

A.

Erste Bulle Alexanders VI. vom 3. Mai 1493.
(Navarrete, Colleccion de viages, tom. II p. 23). Alexander Episcopus Servus Servorum Dei etc. . . . . *Sane accepimus quod vos qui dudum animo proposueratis aliquas terras et insulas remotas et incognitas, ac per alios hactenus non repertas quaerere et invenire, ut illarum incolas et habitatores ad colendum Redemptorem nostrum et fidem catholicam profitendam reduceretis, hactenus in expugnatione et recuperatione ipsius Regni Granatae plurimum occupati, hujusmodi sanctum et laudabile propositum vestrum ad optatum finem perducere nequivistis. Sed tandem, sicut Domino placuit, Regno praedicto recuperato, volentes desiderium vestrum adimplere, dilectum filium Christoforum Colon cum navigiis et hominibus ad similia instructis, non sine maximis laboribus et periculis ac expensis destinastis ut terras remotas et incognitas hujusmodi, per mare ubi hactenus navigatum non fuerat, diligenter inquirerent: qui tandem, Divino auxilio, facta extrema diligentia, per partes occidentales, ut dicitur, versus Indos, in mari Oceano navigantes, certas insulas remotissimas, et etiam terras firmas, quae per alios hactenus repertae non fuerant, invenerunt, in quibus quam plurimae*

gentes, pacifice viventes, et ut asseritur, nudi incedentes, nec carnibus vescentes, inhabitant; et, ut praefati Nuntii vestri possunt opinari, gentes ipsae, in insulis et terris praedictis habitantes, credunt unum Deum Creatorem in coelis esse, ac ad Fidem Catholicam amplexandum et bonis moribus imbuendum satis apti videntur, spesque habetur quod, si erudirentur, nomen Salvatoris Domini nostri Jesuchristi in terris et insulis praedictis facile induceretur: ac praefatus Christoforus in una ex principalibus insulis praedictis jam unam turrim satis munitam, in qua certos christianos, qui secum iverant, in custodiam et ut alias insulas et terras remotas et incognitas inquirerent, posuit, construi, et aedificari fecit: in quibus quidem insulis et terris jam repertis aurum, aromata, et aliae quam plurimae res praetiosae diversi generis et diversae qualitatis reperiuntur: unde omnibus diligenter, et praesertim Fidei Catholicae exaltatione et dilatatione, prout decet Catholicos Reges et Principes consideratis, more Progenitorum vestrorum, clarae memoriae Regum, terras et insulas praedictas illarumque incolas et habitatores, nobis, divina favente clementia, subjicere et ad Fidem Catholicam reducere, proposuistis. . . . . Et ut tanti negotii provinciam, Apostolicae gratiae largitate donati, liberius et audacius assumatis, motu proprio, non ad vestram vel alterius pro vobis super hoc nobis oblatae petitionis instantiam, sed de nostra mera liberalitate, et ex certa scientia, ac de Apostolicae Potestatis plenitudine, omnes et singulas terras et insulas praedictas, sic incognitas, et hactenus per Nuntios vestros repertas et reperiendas in posterum, quae sub dominio actuali temporali aliquorum Dominorum Christianorum constitutae non sint, auctoritate Omnipotentis Dei nobis in Beato Petro concessa, ac Vicariatus Jesu-Christi, qua fungimur in terris, cum omnibus illarum Dominiis, cum Civitatibus, Castris, Locis et Villis, juribusque et jurisdictionibus ac pertinentiis universis, vobis haeredibusque et subcessoribus vestris, Castellae et Legionis Regibus, in perpetuum Auctoritate Apostolica, tenore praesentium, donamus, concedimus et assignamus, vosque ac haeredes et subcessores praefatos de illis investimus, illarumque Dominos cum plena et libera et omnimoda potestate, auctoritate et jurisdictione facimus, constituimus et deputamus.

B.

Die vorausgehende Bulle wurde bereits am nächsten Tage, 4. Mai 1493 durch eine zweite, verändert abgefasste ersetzt. *(Navarrete, l. c. p. 28). Alexander Episcopus S. S. Dei etc. . . . . . Motu proprio, non ad vestram, vel alterius pro vobis super hoc nobis oblatae petitionis instantiam, sed de nostra mera liberalitate, et ex certa scientia ac de Apostolicae Potestatis plenitudine, omnes insulas et terras firmas inventas et inveniendas, detectas, et detegendas versus Occidentem et meridiem, fabricando et constituendo unam lineam a Polo Arctico, scilicet septentrione, ad Polum Antarcticum, scilicet meridiem, sive terrae firmae et insulae inventae et inveniendae sint versus Indiam, aut versus aliam quamcunque partem; quae linea distet a qualibet in-*

sularum quae vulgariter nuncupantur de los Azores et Cabo Verde centum leucis versus occidentem et meridiem: itaquod omnes insulae et terrae firmae repertae et reperiendae, detectae, et detegendae a praefata linea versus occidentem et meridiem per alium Regem, aut Principem christianum non fuerint actualiter posessae, usque ad diem Nativitatis Domini nostri Jesu-Christi proxime praeteritum, a quo incipit annus praesens millessimus quadringentessimus nonagessimustertius, quando fuerunt per Nuntios et Capitaneos vestros inventae aliquae predictarum insularum, Auctoritate Omnipotentis Dei nobis in Beato Petro concessa, ac Vicariatus Jesu-Christi quo fungimur in terris, cum omnibus illarum Dominiis, Civitatibus, Castris, Locis, et Villis, juribusque et jurisdictionibus ac pertinentiis universis vobis heredibusque, et subcessoribus vestris Castellae et Legionis Regibus in perpetuum, tenore praesentium donamus, concedimus et assignamus, vosque et haeredes, ac subcessores praefatos illarum Dominos cum plena libera et omnimoda potestate, auctoritate, et jurisdictione facimus, constituimus et deputamus: decernentes nihilominus, per hujusmodi donationem, concessionem, et assignationem nostram nulli Christiano Principi, qui actualiter praefatas insulas, aut terras firmas possederit, usque ad praedictum diem Nativitatis Domini nostri Jesu-Christi jus quaesitum sublatum intelligi aut aufferri debere. Et insuper mandamus vobis in virtute sanctae obedientiae, ut (sicut pollicemini et non dubitamus pro vestra maxima devotione et Regia magnanimitate vos esse facturos) ad terras firmas et insulas praedictas viros probos, et Deum timentes, doctos, peritos et expertos ad instruendum incolas et habitatores praefatos in Fide Catholica, et in bonis moribus imbuendum destinare debeatis, omnem debitam diligentiam in praemissis adhibentes. Ac quibuscumque personis, cujuscumque dignitatis, etsi Imperialis et Regalis, status, gradus, ordinis, vel conditionis sub excomunicationis latae sententiae poena, quam eo ipso, si contra fecerint, incurrant, districtius inhibemus, ne ad insulas et terras firmas inventas et inveniendas, detectas et detegendas versus occidentem et meridiem, fabricando et construendo lineam à Polo Arctico ad Polum Antarcticum, sive terrae firmae, et insulae inventae, et inveniendae sint versus aliam quamcumque partem, quae linea distet a qualibet insularum quae vulgariter nuncupantur de los Azores et Cabo Verde centum leucis versus occidentem et meridiem, ut praefertur, pro mercibus habendis, vel quavis alia de causa, accedere presumant absque vestra ac haeredum et subcessorum vestrorum praedictorum licentia speciali.

C.

Vertrag zwischen Spanien und Portugal, abgeschlossen zu Tordesillas am 7. Juni 1494, und bestätigt von Papst Julius II. im Jahre 1506. *(Navarrete, Colleccion de Viages, tom. II p. 116.) Don Juan por la gracia de Dios, Rey de Portugal etc. etc. . . . . Y luego los dichos Procuradores de los dichos Señores Rey y Reina de Castilla, de Leon, de Aragon, de Secilia, de Granada*

&c.; y del dicho Señor Rey de Portugal y de los Algarbes &c., dijeron: Que por cuanto entre los dichos Señores sus constituyentes hay cierta diferencia sobre lo que á cada una de las dichas partes pertenesce de lo que hasta hoy dia de la fecha de esta capitulacion está por descobrir en el mar Océano: por tanto, que ellos por bien de paz y concordia, y por conservacion del debdo é amor que el dicho Señor Rey de Portugal tiene con los dichos Señores Rey y Reina de Castilla, de Aragon &c.: á sus Altezas place, y los dichos sus Procuradores en su nombre, y por virtud de los dichos sus poderes, otorgaron y consintieron que se haga y asigne por el dicho mar Océano una raya ó línea derecha de Polo á Polo, del Polo Artico, al Polo Antártico, que es de Norte á Sur, la cual raya ó línea é señal se haya de dar y dé derecha, como dicho es, á trescientas setenta leguas de las islas de Cabo Verde para la parte de Poniente por grados ó por otra manera, como mejor y mas presto se pueda dar, de manera que no será mas. Y que todo lo que hasta aquí tenga hallado y descubierto, y de aquí adelante se hallare y descubriere por el dicho Señor Rey de Portugal y por sus navíos, así islas como tierra-firme desde la dicha raya arriba, dada en la forma suso dicha, yendo por la dicha parte de Levante dentro de la dicha raya á la parte de Levante ó de Norte ó de Sur de ella, tanto que no sea atravesando la dicha raya, que esto sea y quede y pertenezca al dicho Señor Rey de Portugal y á sus subcesores para siempre jamas. Y que todo lo otro, así islas como tierra-firme, halladas y por hallar, descubiertas y por

descubrir, que son ó fueren halladas por los dichos
Señores Rey y Reina de Castilla y de Aragon &c., y
por sus navios, desde la dicha raya dada en la forma
suso dicha, yendo por la dicha parte de Poniente des-
pues de pasada la dicha raya para el Poniente ó al
Norte Sur de ella, que todo sea y quede y pertenezca á
los dichos Señores Rey é Reina de Castilla y de Leon
&c., y á sus subcesores para siempre jamas..... Item:
por cuanto para ir los navios de los dichos Señores
Rey y Reina de Castilla, de Leon, de Aragon &c. desde
sus Reinos é Señoríos á la dicha su parte, allende la
dicha raya, en la manera que dicho es, es forzado que
hayan de pasar por los mares de esta parte de la raya
que quedan para el dicho Señor Rey de Portugal; por
ende es concertado y asentado que los dichos navios de
los dichos Señores Rey y Reina de Castilla y de Leon
y de Aragon &c. puedan ir y venir y vayan y vengan
libre, segura y pacíficamente, sin contradicion alguna
por los dichos mares que quedan por el dicho Señor
Rey de Portugal, dentro de la dicha raya en todo
tiempo; y cada y cuando sus Altezas y sus subcesores
quisieren y por bien tuvieren, los cuales vayan por sus
caminos derechos y rotas desde sus Reinos para cualquier parte que esté dentro de su raya y límite donde
quisieren enviar á descubrir y conquistar y contratar,
y que lleven sus caminos derechos por donde ellos acor-
daren de ir, por cualquier cosa de la dicha su parte,
é no puedan apartarse, salvo que el tiempo contrario
les hiciere apartar, tanto que no tomen ni ocupen antes
de pasar la dicha raya cosa alguna de lo que fuere

*hallado por el dicho Señor Rey de Portugal en la dicha su parte, y si alguna cosa hallaren los dichos sus navíos antes de pasar la dicha raya, como dicho es, que aquello sea para el dicho Señor Rey de Portugal, y sus Altezas le hayan luego de mandar y entregar. . . . .
Y para mayor seguridad y firmeza de lo suso dicho juraron á Dios y á Santa María, y á la señal de la Cruz ┼, en que pusieron sus manos derechas, y las palabras de los Santos Evangelios donde quiera que mas largo son escriptas en las almas de los dichos sus constituyentes, que ellos y cada uno de ellos tendrán y guardarán y cumplirán todo lo suso dicho, y cada una cosa y parte de ello realmente y con efecto, cesante todo fraude, cautela, engaño, ficion y simulacion, y no lo contradirán en tiempo alguno ni por alguna manera, bajo el cual dicho juramento juraron de no pedir absolucion ni relajacion de ello á nuestro muy Santo Padre, ni á otro ningun Legado ni Prelado que la pueda dar, y aunque de propio motu la den, no usarán de ella; antes por esta presente capitulacion suplican en el dicho nombre á nuestro muy Santo Padre que su Santidad quiera confirmar y aprobar esta dicha capitulacion, segun en ella se contiene, y mandar expedir sobre ello sus Bulas á las partes ó cualquier de ellas que las pidiere, é incorporar en ellas el tenor de esta capitulacion; poniendo sus censuras á los que contra ella fueren ó pasaren en cualquier tiempo que sea ó ser pueda.*

Druck von Bär & Hermann in Leipzig.

Druck:
Customized Business Services GmbH
im Auftrag der KNV-Gruppe
Ferdinand-Jühlke-Str. 7
99095 Erfurt